からだが喜ぶ 発酵あんことおやつ

榎本美沙

軽やかな"おやつ"が好き。

"おやつの時間"が好き。

"おやつの時間"という響きは、
なんだか特別な感じがして、
ほっとひと息、パワーチャージにもなる。

でもたくさん食べると胃も重たいし、
食べすぎちゃったなと心が重たくなることも。

そんなときに、
からだにも、心にも、負担にならないおやつを作りたいと、

私が大好きな"発酵"を取り入れたおやつを作り始めました。

その代表の"発酵あんこ"は、
あずき、米麹、ちょっとの塩だけで作れます。

なんとお砂糖なしのあんこ、
でも米麹の力でちゃんと甘いのです。

自然な甘みで、たっぷりとトーストにのせたり、
おだんごに添えたりしても、重たくない。
おいしくて、ひとりの時間でも笑顔になれる味わいです。

このレシピはありがたいことに大好評で、
毎週発酵あんこを仕込んでくださる方など、
たくさんの方の暮らしに取り入れていただいています。

今回は、発酵あんこだけでなく、
甘酒やヨーグルト、酒粕、みそ、塩麹と
いろいろな発酵食品を使ったおやつもたくさんご紹介しています。

どれも手間なく、簡単ですので、
気軽に作っていただきたいです。

からだにも、心にも軽やかなおやつ。
皆さまの"おやつの時間"にちょこっと寄り添えたら、
とても幸せです。

榎本美沙

発酵あんこ ってどんなもの？

砂糖なしでやさしい甘み

発酵あんこの材料はあずき、米麹と、少量の塩だけ。発酵あんこの甘みは、あずきや麹のでんぷんが麹由来の酵素によって分解されてできたブドウ糖などによるものです。砂糖を使っていないぶん、甘みのおだやかなあんこに。お菓子作りに使えば、ほっとするやさしい味わいのスイーツになります。

手軽に作れて失敗なし

発酵あんこは炊飯器の保温機能を使って作ります。あずきをゆでてしまえば、あとは火加減の調整など面倒な作業は一切なし。炊飯器にセットすれば、発酵するのを待つだけなので、初心者でも失敗しにくく、放っておくだけでおいしい発酵あんこを楽しむことができます。

やさしい味わいのお菓子に

発酵あんこはお菓子作りにも大活躍。ぜんざいやどら焼きなどの和菓子はもちろんのこと、クッキーやチーズケーキなどの洋菓子作りにも使えます。発酵あんこの自然な甘みを生かしたいから、お菓子作りで加える砂糖も、ぐっと控えめ。甘すぎるお菓子が苦手な人にも楽しんでいただけます。

身も心も軽やかです

食物繊維やポリフェノールなど、健康効果の高いあずきと、強い発酵パワーを持つ麹の組み合わせは、体にやさしいおやつ作りにぴったり。罪悪感なく食べられるだけでなく、おなかがすっきりしたり、疲れが取れたり、老化を防いだり……といいことずくめ！ 美容や健康を気遣う人にもおすすめです。

contents

発酵あんこ

発酵あんこで作るおやつ

甘酒

もっといろいろ
発酵おやつ

この本の決まり

・計量単位は、大さじ1＝15㎖、小さじ1＝5㎖、
　1カップ＝200㎖です。

・卵はMサイズ（正味50g）、甘酒は麹甘酒、プ
　レーンヨーグルトは無糖のものを使用しています。

・電子レンジの加熱時間は600Wのものを基準
　にしています。500Wの場合は1.2倍の時間を
　目安にしてください。機種によって多少の差が出
　ることがあります。

・材料の「きび砂糖」は、「上白糖」に置き換えて
　もOKです。

発酵あんこ

発酵あんこは、ゆでたあずきと米麹を
炊飯器の保温機能を使ってゆっくりと発酵させる、
新しい発想のあんこです。
自然な甘みで食べ疲れしないのが特徴。
かぼちゃやさつまいもなどの野菜でも作れて、
お菓子作りにも重宝する発酵あんこ、
さっそく作ってみましょう。

こんなにすごい！
発酵あんこ の効能

腸を元気にする

発酵あんこの材料であるあずきや米麹には、食物繊維やオリゴ糖が含まれます。食物繊維は便秘を解消して腸内の老廃物をスムーズに体外に排出。オリゴ糖は善玉菌のえさとなり、腸内環境を整える働きがあります。腸の働きがよくなると、健康な肌作りや免疫力アップが期待できます。

不足しがちな鉄を補給

あずきに含まれる鉄は、体に酸素を運ぶ血液中のヘモグロビンの構成要素です。鉄が不足すると、疲れやすくなったり、抵抗力が落ちたりする原因に。吸収率が低く、欠乏しがちな栄養素なのでしっかりとりたいものです。発酵あんこがその助けになります。

若々しさをキープ

発酵あんこには、あずき由来のポリフェノールが多く含まれます。ポリフェノールは強い抗酸化作用で、紫外線や過度なストレスが増加させる活性酸素の害から細胞を守ってくれる物質。シミ、シワや髪の老化を予防し、若々しさをキープします。

代謝アップで疲労回復

ビタミンB群は、たんぱく質や脂質の代謝に関わり、食事でとった栄養をすみやかにエネルギーに変換する働きがあります。ビタミンB群はあずきに豊富に含まれ、また麹の発酵過程でも生成されます。疲れがたまったときや冷えを感じるときは、発酵あんこを食べるのがおすすめです。

発酵あんこは、おだやかな甘みでおやつの時間を彩るだけでなく、
体が喜ぶたくさんの効果も期待できます。
家族の毎日の健康維持に、美容に、発酵あんこを上手に取り入れましょう。

血圧が気になる人に

カリウムは、体内の余分な塩分を排出するのに有効なミネラルです。血圧が気になる人は意識してとりたいもの。筋肉の動きをよくする働きもあり、不足すると疲れの原因となることも。発酵あんこの原料、あずきには、このカリウムが豊富に含まれています。

むくみの悩みを解消

あずきの外皮に含まれるサポニンは利尿作用を促し、むくみの解消に役立ちます。発酵あんこはサポニンとカリウム、ダブルの効果で、体内の余分な塩分排出の手助けをします。強い抗酸化作用もあり、老化や生活習慣病予防などにも働きます。

脳の働きをアップ

発酵あんこの甘さは、あずきや麹に含まれるでんぷんが麹由来の酵素によって分解されてできたブドウ糖などによるものです。ブドウ糖は唯一脳のエネルギー源となる物質。朝、発酵あんこを食べると、睡眠中に失われたエネルギーが脳にすみやかに補給され、シャキッと目覚めることができます。

健康な体の土台を作る

たんぱく質は筋肉や血液など、体を作るもととなる重要な栄養素です。あずきのたんぱく質は植物性たんぱく質の中では、体内で合成されず、食べものからとる必要のある必須アミノ酸を比較的バランスよく含みます。発酵あんこなら、おやつを食べながらしっかりと栄養補給ができます。

基本の 発酵あんこ の作り方

材料（作りやすい分量・でき上がり約700g）

あずき（乾燥・さっと洗う）… 200g

米麹（生※・室温にもどす）… 200g

塩 … 小さじ1/4

※乾燥麹でもOK。

1 あずきを下ゆでする

厚手の鍋に水3カップを強火で沸騰させ、あずきを入れて中火にし、再び沸騰したら水1カップを加える。さらに沸騰してから10分ほどゆでる。

2 蒸らす

ふたをして火を止め、30分ほど蒸らす。ざるに上げて湯をきり、さっと洗う。

3 ゆでる

鍋に戻し入れて水3カップを加え、強火で沸騰させる。弱火（豆が踊る程度）にして50分ほど、ときどき混ぜながらゆでる。途中アクが出たら取り、水が少なくなったら足す。

4 ゆで上がり

軽くつまんでみて、すっとつぶれるようになったらざるに上げる。ゆで汁は取っておく。

5 冷ます

あずきを炊飯器の内釜に入れて60℃ほどまで冷ます。

温度が高すぎると、酵素が働かず甘くならないので、温度計を使って確認を。

6 米麹を加えて混ぜる

米麹を加え、軽くあずきをつぶしながら混ぜる。

7 ゆで汁を混ぜる

ゆで汁を100〜120㎖（乾燥麹の場合は150㎖）を目安に、様子を見ながら少しずつ加える。

ゆで汁は底の方のとろりとしたところから入れると風味がよくなる。

さらによく混ぜる。あんこより少しかため（ややパサついていてOK）がベスト。

8 8〜10時間発酵させる

炊飯器に内釜をセットし、ぬれぶきんを二重にかける。ふたは開けたまま保温モードにし、8〜10時間おく。

9 塩を混ぜる

食べてみて甘みが出ていればOK。甘さを引き立たせるため、塩を加えて混ぜる。

10 でき上がり

清潔な保存容器に移す。すぐに食べられ、冷蔵室で約3日、冷凍室で約1か月保存可能。

アレンジ 発酵あんこ

発酵白あん

発酵かぼちゃあん

発酵ずんだあん

発酵さつまいもあん

発酵白あん

白いんげん豆で作る発酵あんこ。
さっぱりとして上品な甘み。

材料 （でき上がり約600g）

白いんげん豆 （乾燥・さっと洗う） … 200g

米麹 （生※・室温にもどす） … 200g

塩 … 小さじ1/4

※乾燥麹でもOK。

作り方

1 大きめのボウルに白いんげん豆を入れ、たっぷりの水を注いでラップをかけ、ひと晩（8時間以上）浸水させ、水けをきる（2倍以上にふくらむ）。

2 厚手の鍋に1の水けをきって入れ、かぶるくらいの水を加えて、強めの中火で沸騰させる。アクを取り、弱火（豆が踊る程度）にして1時間30分〜2時間30分ゆでる。途中アクが出たら取り、水が少なくなったら足す。軽くつまんでみて、すっとつぶれるようになったらざるに上げる。

3 ［発酵あんこ］の作り方 **5〜10**（P13）と同様に作る。加えるゆで汁の量は70〜100㎖（乾燥麹を使う場合は110㎖）を目安にする。発酵時間は8〜10時間。

野菜の発酵あんこ

少量ずつ作るのがおすすめ。
乾燥しやすいので保存袋を使って作ります。

◎ 発酵かぼちゃあん

材料（でき上がり約230g）

かぼちゃ
（皮つき・種とワタを取ったもの）… 240g

米麹（生※・室温にもどす）… 70g

塩 … 少々

※乾燥麹でもOK。

作り方

1 かぼちゃは皮ごとひと口大に切って鍋に入れ、水1/2カップを加えてふたをして煮立てる。弱火で7〜8分加熱し、やわらかくなったら取り出してキッチンペーパーで水けを拭き、皮を除く。

2 160gを計量し、耐熱のジッパー付き保存袋に入れて袋の上からもんでつぶす。60℃ほどに冷まし、米麹を加えてもみ混ぜる**a**（乾燥麹を使う場合は、パサつくようであればゆで汁少々を加えて調整する）。

3 炊飯器の内釜にふきんを敷き、[2] を袋の口を開けたままのせる。炊飯器にセットし、ふたは開けたまま保温モードにし、8〜10時間おく**b**（途中袋の上から何度かもみ混ぜる）。塩を加えて混ぜる。

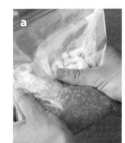
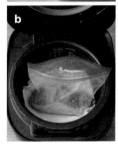

◎ 発酵ずんだあん

材料（でき上がり約200g）

枝豆（さやつき）… 300g

米麹（生※・室温にもどす）… 60g

塩 … 少々

※乾燥麹でもOK。

作り方

1 鍋に湯を沸かし、枝豆を20分ほどゆでる。さやから取り出し、145gを計量して耐熱のジッパー付き保存袋に入れ、手のひらやボウルの底などを使ってつぶす。60℃ほどに冷まし、米麹、水小さじ4ほどを加えてもみ混ぜる**a**（乾燥麹を使う場合は、パサつくようであれば水少々を加えて調整する）。

2 かぼちゃあんの作り方[3]と同様に作る。

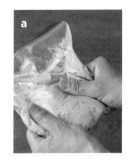

◎ 発酵さつまいもあん

材料（でき上がり約250g）

さつまいも … 1本（200g）

米麹（生※・室温にもどす）… 70g

塩 … 少々

※乾燥麹でもOK。

作り方

1 さつまいもは皮つきのまま1cm幅の輪切りにして鍋に入れ、水1/2カップを加えてふたをして煮立てる。弱火で5〜6分加熱し、やわらかくなったらキッチンペーパーに取り出して水けをきり、皮を除く。

2 160gを計量し、耐熱のジッパー付き保存袋に入れて袋の上からもんでつぶす。60℃ほどに冷まし、米麹、水大さじ2を加えてもみ混ぜる**a**（乾燥麹を使う場合は、パサつくようであれば水少々を加えて調整する）。

3 かぼちゃあんの作り方[3]と同様に作る。

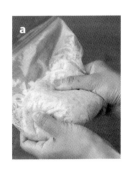

発酵あんこ Q&A

Q 生麹はどこで手に入れられますか?

A 専門店やオンラインショップで買えます。

この本では、麹は「生麹」を使用しています。生麹は自然食品店や百貨店、みそ専門店、酒蔵、オンラインショップなどで購入することができます。私が愛用しているのは、羽場こうじ店の米こうじ。100年以上もの間、麹作りを続けてきた老舗麹店で、すっきりとした自然な甘みのある発酵あんこに仕上がります。

◎羽場こうじ店
https://habakojishop.handcrafted.jp/

Q 乾燥麹でも作れますか?

A もちろん作れます。

発酵あんこは、スーパーなどで手軽に手に入り、比較的長期間、常温保存が可能な乾燥麹でも同様に作れます。その場合は、作り方7(P13)でゆで汁の量を少し多めの150㎖を目安に加えます。

Q 炊飯器を持っていないのですが…。

A ヨーグルトメーカーなどでも作れます。

温度や時間の調整ができれば、ヨーグルトメーカーや保温調理器などでも同様に作れます。作り方1〜7(P12〜13)までは同様に作り、ヨーグルトメーカーや保温調理器の容器に入れ、ふたをして60℃で8〜10時間にセットしてください。

Q 発酵あんこは冷凍できますか?

A 小分け冷凍が便利です。

発酵あんこは冷凍が可能です。小分けにしてラップで包み、冷凍用ジッパー付き保存袋に入れて冷凍室へ。1か月ほどおいしさが保てます。解凍は冷蔵室にひと晩ほどおきます。

Q 豆のゆで汁は活用できますか?

A あずき茶やスープに活用できます。

残ったあずきのゆで汁は栄養豊富な「あずき茶」として飲むことができます。温めてミルクホイッパーで泡立てた牛乳と砂糖を加えれば、まろやかな「あずきラテ」になります。

白いんげん豆のゆで汁は、スープのベースに活用するのもおすすめです。トマトや玉ねぎ、ベーコンなど、うまみが出る具材を加えて煮て、塩で味つけすれば、やさしい味わいのスープになります。

Q あんこがベタついてしまいました。

**A 加えるゆで汁の分量を
減らしてみましょう。**

発酵スタート時は、あんこよりも少しかたいくらいの状態がベストです。ややパサついていてもOK。ゆで汁の量は120mlが目安ですが、麹やあずきの状態にもよるので、様子を見ながら調整してください。

Q 炊飯器のふたは閉めてもいいですか?

**A 60℃をキープするため、
開けておいてください。**

炊飯器の保温温度は、メーカーなどによって違いはありますが、70℃前後に設定されています。麹由来の酵素は温度が高すぎると働かなくなるため、60℃程度に保つことが大切です。そのため、炊飯器のふたは必ず開けておき、乾燥を防ぐため、ぬれぶきんをかぶせておきます。

Q 甘くなりませんでした。なぜですか?

A 温度が上がりすぎたりしていませんか?

麹が古いと酵素が働きにくいことがあります。また麹由来の酵素が活発に働くのは、60℃程度です。これより高くても、低くても充分な働きができなくなります。炊飯器のふたを閉めてしまったなどで温度が上がりすぎたりすると、あずきのでんぷんが分解されず、甘さが出ないということにつながります。

Q 仕込む時期はいつがいいですか?

A いつでもOKです。

発酵あんこはいつでも作ることができますが、10〜11月以降、その年に採れたあずきの新豆を使う場合は、ゆで時間が少し短めで済むことがあります。通常は下ゆで後50分ほどゆでますが、30〜40分ほどでゆで具合を確認しながら進めてください。

**Q 市販のゆであずきで
作ることもできますか?**

A できます。

市販のゆであずきでも、砂糖を加えていないものであれば発酵あんこを作ることができます。その場合は約460gのゆであずきを使用し、ゆで汁の代わりに水を加えて作ります。あずきがかたい場合は軽くゆでてから使いましょう。

Q もっとなめらかなあんこにできますか?

A ブレンダーなどにかけてもOKです。

こしあん風のなめらかなあんこにしたい場合は、完成後にハンドブレンダーやフードプロセッサーにかけるのも手。皮の食感は残りますが、よりとろりとした舌ざわりのあんこになります。

**Q 材料の分量を倍量・半量にしても
作れますか?**

A 倍量なら作れます。

倍量にする場合は5.5合炊き以上の炊飯器で作りましょう。作り方は同様です。半量にするのは、発酵している間に乾燥してしまったりすることがあるので、おすすめしません。すぐに食べない場合は、冷凍保存することをおすすめします。

Q 毎回あずきをゆでるのが面倒です。

A ゆでたあずきは冷凍することもできます。

あずきは多めにゆでて、冷凍保存しておくのもおすすめです。ゆでたらゆで汁ごと冷凍用ジッパー付き保存袋などに入れて冷凍室へ。解凍するときは、冷蔵室にひと晩ほどおき、鍋で温めてから使います。

発酵あんこ の楽しみ方

あんバタートースト

あんことバターの相性は抜群。
たっぷりのせても甘みはおだやか。

材料（1人分）

食パン … 1枚
バター（有塩）… 10g
発酵あんこ … 大さじ4

作り方

1 食パンをトースターで香ばしく焼く。バターの半量を塗る。

2 発酵あんこを塗り、残りのバターをのせる。

あんこと
ベリーのアイス

混ぜるだけでお店みたいな味。
ラズベリーの酸味がアクセント。

材料（2人分）

市販のバニラアイス
（室温に2〜3分おいてやわらかくする）… 1個（140㎖）

発酵あんこ … 70g

ラズベリー（冷凍）… 60g

作り方

1 ボウルにバニラアイス、発酵あんこを入れて混ぜ合わせ、ラズベリーを凍ったまま加えてさっと混ぜる。

2 再び冷凍室に入れて30分以上冷やす。

あんこミルク

牛乳と合わせて、まろやかな甘みの
ヘルシードリンクに。

材料（1杯分）

発酵あんこ … 大さじ2
牛乳 … 1/2カップ

作り方

グラスに発酵あんこと牛乳
を入れて混ぜる。

発酵あんこで作る4種のペースト

あんショコラペースト（左下）

ココアのほろ苦さがアクセントの大人味。

材料と作り方（作りやすい分量）

発酵あんこ … 100g

ココアパウダー … 小さじ2

はちみつ … 小さじ1

すべての材料を混ぜる。

あんず白あんペースト（右上）

白あんと甘ずっぱいジャムがマッチ。

材料と作り方（作りやすい分量）

発酵白あん（P14参照）… 80g

あんずジャム … 大さじ1

すべての材料を混ぜる。

あんバターペースト（右中）

バゲットにぴったりのコクのあるペースト。

材料と作り方（作りやすい分量）

発酵あんこ … 80g

バター（有塩・室温にもどす）… 20g

すべての材料を混ぜる。

ごま白あんペースト（右下）

あっさり白あんに香ばしさとコクをプラス。

材料と作り方（作りやすい分量）

発酵白あん（P14参照）… 100g

白すりごま … 小さじ2

はちみつ … 小さじ1

すべての材料を混ぜる。

※保存はすべて清潔なビンや保存容器に入れ、冷蔵室へ。3日間ほど保存可能です。

発酵あんこ で作るおやつ

発酵あんこは和菓子はもちろん、
洋風のおやつ作りにも。
飽きずに毎日食べられます。

あんこクリームコーヒーゼリー

和と洋の絶妙コラボ。あんことコーヒーの
意外な組み合わせがくせになります。

材料（容量200mlのグラス2個分）

生クリーム（乳脂肪分40％以上）
　　… 1/4カップ
発酵あんこ … 大さじ3
市販のコーヒーゼリー … 2個（200g）
さくらんぼ（缶詰）… 2個

作り方

1 ボウルに生クリームを入れ、氷水を入れた別のボウルに底を当てながら、ハンドミキサーで9分立てにする。発酵あんこを加え、さらに混ぜる。

2 グラスにコーヒーゼリーをざっくりとくずしながら盛り、①のクリームをのせ、さくらんぼを飾る。これを2個作る。

いちごと抹茶のあんこパフェ

抹茶の香り、いちごの酸味は
あんこの風味と相性抜群。

材料（容量200mlのグラス2個分）

いちご … 4個
玄米フレーク … 大さじ4
発酵あんこ … 大さじ6
市販の抹茶アイス … 2個（280ml）

作り方

1 いちごは2個を小さめの角切りにし、残りは縦に薄切りにする。

2 グラスに玄米フレーク、発酵あんこ（トッピング用に少し残しておく）、角切りにしたいちご、抹茶アイスを重ね入れ、発酵あんこと薄切りにしたいちごをのせる。これを2個作る。

あんこクリームと
いちごのミルフィーユ

さくさくのパイにたっぷりの
あんこクリームを重ねた、気軽なミルフィーユ。

材料（4個分）

冷凍パイシート（10×17cm）… 2枚

生クリーム（乳脂肪分40%以上）… 1/2カップ

発酵あんこ … 大さじ6

いちご … 8個

粉砂糖 … 適量

作り方

1 オーブンを200℃に予熱する。冷凍パイシート
は室温に5分ほどおき、フォークで全体に穴をあ
け、長辺を4等分に切る。

2 オーブンシートを敷いた天板に①を並べ、耐熱
のバットなどをのせ、200℃のオーブンで25分
ほど焼く。取り出して網の上などで冷ます。

3 ボウルに生クリームを入れ、氷水を入れた別の
ボウルに底を当てながら、ハンドミキサーで9分
立てにする。発酵あんこを加え、さっと混ぜる。
いちごはトッピング用に4個を残し、残りを縦に
3等分に切る。

4 パイ、③のクリーム、薄切りにしたいちご、クリー
ム、パイの順にのせ、粉砂糖をふって、クリーム、
トッピング用のいちごをのせる。これを4個作る。

パイシートにはホーローのバット
などをのせて焼き、パイがふくら
んでしまうのを防ぐ。

あんことココナッツのクッキー

ココナッツがほんのり香るしっとりクッキー。
ひとつまみの塩がアクセント。型いらずで作れます。

材料（16個分）

A 薄力粉 … 40g
　　アーモンドパウダー、
　　　ココナッツファイン … 各30g
　　きび砂糖 … 20g
　　塩 … ひとつまみ

ココナッツオイル※
（またはサラダ油）… 大さじ3

発酵あんこ … 50g

※ココナッツオイルがかたまっていたら、湯せん
にかけるか、電子レンジで様子を見ながら加熱
して液体にする。

作り方

1. オーブンを180℃に予熱する。ボウルに**A**を入れてスプーンで混ぜ、ココナッツオイルを加えて手ですり混ぜる。全体がパラパラになったら発酵あんこを加えて手で混ぜ、ひとまとめにする。

2. 生地を16等分して丸め、5mm厚さほどの円形にする。オーブンシートを敷いた天板に並べ、180℃のオーブンで10〜15分焼く。取り出して天板の上で冷ます。

ココナッツオイルを加えたら、手をこすり合わせるようにして、全体がパラパラになるまで混ぜる。

3種のあんこトリュフ

とっても手軽なひと口トリュフ。
日本茶にも、コーヒーにもよく合います。

左から、黒ごまきな粉、抹茶くるみ、コ
コアレーズン。

材料（各4個分）

[黒ごまきな粉]

発酵あんこ … 大さじ4

黒すりごま … 小さじ1

きな粉 … 適量

[抹茶くるみ]

発酵白あん（P14参照）… 大さじ4

くるみ（ロースト・刻む）

… 10g

抹茶 … 適量

[ココアレーズン]

発酵あんこ … 大さじ4

レーズン（刻む）… 15g

ココアパウダー … 適量

作り方

[黒ごまきな粉]

発酵あんこに黒すりごまを混ぜ、
4等分して丸め、きな粉をまぶす。

[抹茶くるみ]

発酵白あんにくるみを混ぜ、4等
分して丸め、抹茶をまぶす。

[ココアレーズン]

発酵あんこにレーズンを混ぜ、4
等分して丸め、ココアパウダーを
まぶす。

あんこチーズケーキ

クリームチーズのほのかな塩けが
発酵あんこの風味を引き立てます。

材料 （直径15㎝の丸型1台分）

ビスケット … 70g

バター（食塩不使用・耐熱容器に入れ、
　電子レンジで様子を見ながら溶かす）… 35g

クリームチーズ（室温にもどす）… 200g

きび砂糖 … 50g

生クリーム … 80㎖

卵（室温にもどす）… 1個

薄力粉 … 大さじ2

発酵あんこ … 100g

作り方

1 ポリ袋にビスケットを入れ、麺棒を転がして細かくくだき、バターを加えてもみ混ぜる。なじんだらオーブンシートを敷いた型の底に広げ、スプーンや指で押しかため、冷蔵室に入れておく。

2 ボウルにクリームチーズを入れ、ゴムべらでなめらかになるまで混ぜ、きび砂糖を加えてすり混ぜる。生クリーム、溶きほぐした卵をそれぞれ少しずつ加え、そのつど泡立て器で静かに混ぜる。なめらかになったら薄力粉をふるい入れ、粉けがなくなるまで静かに混ぜる。

3 ①のビスケットの上に縁から1.5㎝ほどあけて発酵あんこを広げる。②を注ぎ入れ、表面をきれいにならす。3㎝ほどの高さから数回落として空気を抜く。

4 180℃に予熱したオーブンの天板にのせ、50〜60分焼く。取り出して粗熱を取り、冷蔵室でひと晩冷やす。

焼き上がりの側面がきれいに仕上がるよう、発酵あんこは型の縁から1.5㎝ほどあけて広げる。

あんこスコーン

そのままでもおいしいけれど、ホイップクリームや
水きりヨーグルト、マーマレードジャムを添えてもおいしい。

材料（口径5㎝の丸型7個分）

A 薄力粉 … 70g

全粒粉（または薄力粉）… 30g

強力粉 … 50g

きび砂糖 … 30g

ベーキングパウダー … 小さじ2

塩 … ひとつまみ

太白ごま油（またはサラダ油）… 大さじ3

プレーンヨーグルト … 大さじ2

発酵あんこ … 150g

作り方

1 オーブンを180℃に予熱する。ボウルに**A**を入れてスプーンなどで混ぜ、太白ごま油を加えて手ですり混ぜる。全体がパラパラになったらヨーグルト、発酵あんこを加えて手で混ぜ、ひとまとめにする。

2 台に取り出し、手で軽く押して平たくのばし、生地を半分に折って2.5㎝ほどの厚さにまとめ、型で抜く。

3 オーブンシートを敷いた天板にのせ、180℃のオーブンで20〜25分焼く（指で軽く押してみて弾力があれば、焼き上がり）。途中こげそうになったらアルミホイルをかぶせる。取り出して天板の上で冷ます。

油を加えたら、手をこすり合わせるようにして、全体がパラパラになるまで混ぜる。

生地を軽くのばし、二つ折りにして、2.5㎝くらいの厚みになるように押してまとめる。

31

あんこバナナケーキ

まろやかなあんことバナナの甘みが
渾然一体に。カフェラテと合わせて朝食にもおすすめ。

材料 (18×9×高さ6cmのパウンド型1台分)

バナナ※ … 1本 (正味90g)

卵 (室温にもどす) … 2個

きび砂糖 … 50g

太白ごま油 (またはサラダ油) … 大さじ2

発酵あんこ … 150g

薄力粉 … 100g

ベーキングパウダー … 小さじ1

※バナナは完熟のものがおすすめ。完熟でなければ、電子レンジで1分ほど加熱するとつぶしやすくなる。

作り方

1 オーブンを180℃に予熱する。型にオーブンシートを敷く。バナナはフォークで粗くつぶす。

2 ボウルに卵、きび砂糖を入れ、ハンドミキサーで2分ほどかくはんする。太白ごま油を加えてさらに1分ほどかくはんする。

3 バナナ、発酵あんこを加えてゴムべらでさっと混ぜる。薄力粉、ベーキングパウダーを合わせてふるい入れ、ゴムべらで底から返すように混ぜる。

4 粉っぽさがなくなったら型に流し入れ、180℃のオーブンで30〜40分焼く (10分経ったら、中心に1本切り込みを入れる)。竹串を刺してみて、どろっとした生地がついてこなければ焼き上がり。

粉類を加えたら、ゴムべらで底から返すように混ぜると、手早く均一に混ぜられる。

オーブンに入れて10分ほどしたらいったん取り出し、中心に1本切り込みを入れると、きれいな割れ目ができる。ここで天板の前後を入れ替えると、焼き上がりが均一。様子を見て、こげそうならアルミホイルをかぶせて。

あんこ入りチョコブラウニー

バットで作れるお手軽ブラウニー。
あんこのおかげでしっとりとした仕上がりに。

材料 (20×16×高さ3cmのバット1枚分)

板チョコレート(ビター)… 100g

太白ごま油(またはサラダ油)… 大さじ3

卵 … 2個

きび砂糖 … 大さじ1

発酵あんこ … 150g

A 薄力粉 … 50g

　　ココアパウダー(無糖)… 10g

　　ベーキングパウダー … 小さじ1/2

ドライプルーン(粗く刻む)… 60g

くるみ(ロースト・粗く刻む)… 40g

作り方

1. オーブンを180℃に予熱する。バットにオーブンシートを敷く。

2. ボウルにチョコレートを割り入れ、太白ごま油を加える。底を50℃くらいの湯に当て、ゴムべらなどで混ぜながら溶かす。

3. 別のボウルに卵、きび砂糖を入れて泡立て器ですり混ぜ、2を加えて混ぜる。発酵あんこを加えて混ぜ、**A**を合わせてふるい入れ、ゴムべらで底から返すように混ぜる。粉っぽさが少し残るくらいでプルーン、くるみを加えて混ぜる。

4. バットに流し入れて表面をならし、180℃のオーブンで20分ほど焼く。竹串を刺してみて、どろっとした生地がついてこなければ焼き上がり。取り出してそのまま冷ます。

くるみとプルーンは少し粉けが
残っているくらいで加えて混ぜる
と、ほどよい混ぜ終わりに。

あんこバナナシェイク

とろんとなめらかな口当たり。
甘さ控えめのひんやりドリンク。

材料 (2人分)

バナナ … 1本 (正味90g)
発酵あんこ … 100g
市販のバニラアイス … 1個 (140㎖)
牛乳 … 150㎖

作り方

1 バナナはひと口大に切ってラップで包み、冷凍室に3時間以上入れて凍らせる。

2 すべての材料をミキサーでかくはんする。

あんこと甘酒のチェー

チェーはベトナムのローカルスイーツ。
ココナッツの甘い香りにそそられます。

材料 (2人分)

甘酒 (ストレートタイプ) … 1/2カップ
発酵あんこ … 大さじ6
パイナップル (1㎝角に切る) … 50g
さくらんぼ (缶詰) … 2個
A (混ぜ合わせる)
　ココナッツミルク … 大さじ3
　牛乳 … 大さじ2

作り方

1 甘酒は冷凍用ジッパー付き保存袋に入れ、薄く平らにして冷凍室に3時間以上入れて凍らせる。袋の上から手でもみ、シャーベット状にする。

2 トッピング用の発酵あんこ、パイナップルを少量ずつ取り分ける。グラスに残りの発酵あんこ、パイナップルを入れ、①を加える。**A**をかけ、取り分けた発酵あんこ、パイナップル、さくらんぼをのせる。

あんこ豆乳プリン

豆のおいしさがギュッと詰まった
素朴な味わいがやみつきに。

材料（容量200mlのカップ4個分）

発酵あんこ … 150g

豆乳（無調整）… 350ml

きび砂糖 … 大さじ3

粉ゼラチン
　（水大さじ1にふり入れてふやかす）… 5g

［トッピング］
　ホイップクリーム、**発酵あんこ**
　　… 各適量

作り方

1 ミキサーに発酵あんこ、豆乳1/2カップを入れてかくはんする。

2 鍋に残りの豆乳、きび砂糖を入れて混ぜる。中火にかけ、沸騰直前まで温めて火を止める。ふやかしたゼラチンを加えて混ぜ溶かし、ボウルに入れる。

3 ①を加えて混ぜ、カップに流し入れ、冷蔵室で4〜5時間冷やしかためる。ホイップクリーム、発酵あんこをのせる。

材料 (2人分)

発酵あんこ … 200g

甘酒 (ストレートタイプ) … 1/2カップ

切り餅 … 2個

作り方

1 鍋に発酵あんこと甘酒を入れ、混ぜながら弱火で温め（かたければ湯適量を加えてのばす）、器に盛る。

2 切り餅は半分に切り、焼き網かオーブントースターでこんがりと焼き、1に加える。

甘酒ぜんざい

あんこと甘酒の発酵の力で体が喜ぶ、
温めて混ぜるだけの簡単ぜんざい。

どら焼き

小さめに焼いたかわいいどら焼き。
甘さ控えめだから、いくつでも食べられそう。

材料 （直径約7cm6個分）

卵 … 1個

きび砂糖 … 70g

はちみつ … 小さじ1

牛乳 … 大さじ3

水 … 大さじ1

薄力粉 … 90g

ベーキングパウダー … 小さじ2/3

<u>発酵あんこ</u> … 120g

作り方

1. ボウルに卵、きび砂糖を入れて泡立て器ですり混ぜる。白っぽくなってきたらはちみつ、牛乳、水を加え混ぜる。

2. 薄力粉、ベーキングパウダーを合わせてふるい入れ、泡立て器で静かに混ぜる。粉っぽさがなくなったらラップをかけて室温で30分ほど休ませる。

3. フッ素樹脂加工のフライパンを弱火で熱し、ぬらしたふきんにのせていったん冷まし、再び弱火にかける。2の生地を軽く混ぜてから大さじ1強ずつ流し入れる。ふつふつと気泡が全体に出てきたら裏返し、さらに1分焼く。これを12枚焼く。

4. 乾燥しないようラップをかけて冷ます。2枚1組にして、発酵あんこを1/6量ずつはさむ。

   ※焼いた生地は1枚ずつラップで包んで冷凍可。食べるときは自然解凍し、ラップをかけたまま電子レンジで2枚につき10秒ほど加熱する。

生地を休ませることで粉類がなじんでしっとり焼き上がる。大さじ1ずつくらいのサイズで焼くと、食べやすい。

おやき

長野名物おやきを発酵あんこで。
甘酒入りの生地があんこによくなじみます。

休ませることで粉類がよくなじみ、均一な生地に。水分に熱湯を使うことで、もっちり感が出る。

材料 (6個分)

A 薄力粉、強力粉 … 各75g
　 塩 … ひとつまみ

熱湯 … 70㎖

甘酒 (ストレートタイプ) … 大さじ2

サラダ油 … 小さじ1

発酵あんこ、発酵かぼちゃあん (P15参照) … 各90g

作り方

1 ボウルに**A**を入れてスプーンなどで混ぜ、熱湯、甘酒、サラダ油を加えて菜箸で混ぜる。

2 生地がパラパラとしてきたら取り出し、手でなめらかになるまでこねる。ひとまとめにしてボウルに入れ、ラップをかけて室温で30分ほど休ませる。

3 あんこはそれぞれ1/3量ずつ丸める。②の生地を転がして棒状にし、6等分に切り、麺棒で直径11～12㎝ほどの円形にのばす。くっつきそうなら打ち粉 (強力粉・分量外) をする。

4 生地に丸めたあんこをのせ、ひだを作るように包み、形を整える。かぼちゃあんの方は表面に黒ごま適量 (分量外) をのせて押さえる。

5 フライパンにサラダ油 (適量・分量外) を入れてキッチンペーパーで薄く広げ、弱めの中火で熱する。④をとじ目を上にして入れ、片面2～3分ずつ、焼き色がつくまで焼く。水1/4カップを注いで弱火にし、ふたをして5～6分蒸し焼きにする。

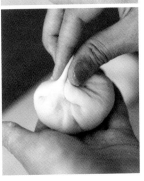

のばした生地の中心にあんこを置き、生地の縁にひだを寄せるようにして包み、キュッとつまんでとじる。

フルーツ大福

あんこと、相性のいいフルーツをお餅でくるり。
甘さとすっぱさが口の中ではじけます。

材料（4個分）

干しあんず（熱湯に10分ほどつけて
やわらかくする）… 2個

発酵あんこ … 70g

いちご … 2個

発酵白あん（P14参照）… 70g

白玉粉 … 70g

上白糖 … 20g

水 … 90mℓ

片栗粉 … 適量

作り方

1 発酵あんこを2等分し、キッチン
ペーパーで水けを拭いたあんずを
1個ずつ包んで丸める。発酵白あ
んを2等分し、いちごを1個ずつ包
んで丸める。

2 耐熱ボウルに白玉粉、上白糖、水
を入れて泡立て器で混ぜ、ふんわり
とラップをかけて電子レンジで1分
30秒加熱する。取り出して混ぜ、
再びラップをかけて1分加熱する。

3 ゴムべらでひとまとめにし、片栗粉
をまぶしたバットの上に取り出す。
片栗粉をまぶしながら手で4等分
にちぎり、丸くのばして[1]を1個ず
つ包む。

加熱の途中で一度取り
出して混ぜ、舌ざわりの
いいなめらかな生地に。

生地がかたくなってしま
うので、熱いうちに片栗
粉の上に取り出して4
等分にちぎる。

あんころ餅

ほっとする和のおやつ。発酵あんこは
白あん、ずんだあんなど好みのものを。

材料（6個分）

白玉粉 … 45g

水 … 大さじ3

発酵あんこ

（ずんだあん、白あん、さつまいも
あん、かぼちゃあんなど好みのもの）… 120g

作り方

1 ボウルに白玉粉を入れ、水を少し残して加
え、手で混ぜる。残りの水を少しずつ加え
ながら、耳たぶほどのかたさになるまで混
ぜ、6等分して丸める。

2 鍋にたっぷりの湯を沸かし、白玉を入れ
る。一度鍋底からはがすように混ぜ、弱め
の中火で2〜3分ゆでる。浮いてきたらさ
らに1分ゆでて、冷水にとって洗い、水け
をしっかりときる。

3 発酵あんこを6等分し、キッチンペーパー
で水けを拭いた白玉を1個ずつ包む。

甘酒

「飲む点滴」と呼ばれ、健康効果が注目されている甘酒。

手作りのおいしさは格別です。

発酵あんこ同様、炊飯器の保温機能を使えば、作り方もとても簡単。

毎日少しずつ取り入れることで、体が元気になっていきます。

さらりと飲みやすい手作り甘酒と、

甘酒を使ったおやつを紹介します。

こんなにすごい!
甘酒 の効能

甘酒は「飲む点滴」

甘酒はエネルギー代謝に関わるビタミンB群、腸を健康にする食物繊維やオリゴ糖、体を作るもととなるたんぱく質を構成するアミノ酸、脳の唯一のエネルギー源であるブドウ糖など、体にいい成分をたっぷり含んでいるため、「飲む点滴」といわれる健康的な飲みものです。

代謝をアップして体を元気に

甘酒の原料、麹が発酵する過程で、ビタミンB$_1$、B$_2$、B$_6$、B$_{12}$などのビタミンB群が発生します。ビタミンB群は糖質、脂質、たんぱく質の代謝に関わる栄養素。食事で取り入れたものをすみやかにエネルギーに変換してくれる力があります。

砂糖の摂取量を抑えられる

甘酒が甘いのは、麹由来の酵素によるものなので、砂糖は一切使っていません。やさしい甘みを楽しみながら、健康作りに役立てることができます。この甘みをお菓子作りに利用すれば、砂糖なしでもおいしく、しっとり、ふんわりとしたお菓子が作れます。

朝飲めば頭がシャキッ

甘酒に含まれるブドウ糖は、脳の唯一のエネルギー源。朝飲めば、頭がシャキッとして、集中力がアップします。また血糖値をゆるやかにアップして脳の満腹中枢を刺激するため、少量飲むだけでも満腹感を得られ、空腹感を抑えることができます。ダイエット中も間食がやめられない方にもおすすめです。

「飲む点滴」と呼ばれるほど健康効果の高い麹甘酒。
体内で麹由来のさまざまな成分が、不調知らずの体作りに役立ちます。
毎日少しずつ"続ける"のがポイントです。

腸活に役立つ

甘酒には食物繊維やオリゴ糖などが含まれます。これらは便秘を解消したり、腸内の善玉菌のえさとなって腸内環境を整える働きがあります。腸内環境が整うと、免疫力がアップしたり、肌が健康になるなど、さまざまな効果が期待できます。

必須アミノ酸を全種類含む

アミノ酸は、筋肉や髪、爪など体を作るもととなる大切なたんぱく質の構成要素です。中でも甘酒は必須アミノ酸という、体内で合成できないアミノ酸を全種類含むため、体内でたんぱく質が効率的に働きます。飲む点滴といわれる理由はここにもあります。

たまった疲れを解消する

冬のイメージがある甘酒ですが、江戸時代には、主に夏の飲みものとして重宝されました。ブドウ糖やアミノ酸、ビタミンB群を豊富に含み、多くの健康効果を持つことから、夏バテを解消するといわれていたようです。疲れが取れないとき、冷やしても温めてもおいしい甘酒は栄養ドリンク代わりにおすすめです。

美しい肌作りに役立つ

甘酒には腸内環境を整える、アミノ酸を補給する、代謝をアップする働き以外にも、肌の健康を守る効果があります。麹菌が生み出すコウジ酸に、メラニン色素を抑え、シミを防ぐ働きがあるのです。肌を内側から美しくする効果が期待できます。

基本の 甘酒 の作り方

材料（作りやすい分量）

米麹（生※・室温にもどす）… 200g

湯（約60℃）… 2と1/2カップ

※乾燥麹でもOK。

市販の甘酒について

■市販の甘酒には、**米麹で作られたもの**（米麹を発酵させて甘みを出したもの）と、**酒粕で作られたもの**（酒粕を湯でのばして砂糖などを加えたもの）があります。この本の甘酒おやつレシピ（P56～）ではすべて、米麹で作ったものを使っています。

■濃度により、**ストレートタイプと2倍濃縮タイプ**（同量の水で割って飲む）などがあります。甘酒おやつレシピ（P56～）で「2倍濃縮」とあるものは、市販の濃縮タイプの甘酒を使っています。自家製の甘酒を使用する場合は、2倍に煮詰めてから使ってください（P53参照）。

1 米麹と湯を混ぜる

耐熱のジッパー付き保存袋に米麹と湯を入れ、水分がなじむようにもみ混ぜる。

2 8〜10時間発酵させる

炊飯器の内釜にふきんを敷き、1を袋の口を少し開けてのせる。炊飯器にセットし、ふたは開けたまま保温モードにし、8〜10時間おく。食べてみて甘みが出ていればOK。

3 ミキサーにかける

ミキサーでかくはんする。なめらかにしておくと飲みやすいだけでなく、より甘みを感じやすく、お菓子作りなどにも使いやすい。

4 でき上がり

清潔なビンなどに移し、冷蔵室で約1週間、冷凍室で約1か月保存可能。

甘酒 Q&A

Q 生麹はどこで手に入れられますか？

A 専門店やオンラインショップで買えます。

この本では、麹は「生麹」を使用しています。生麹は自然食品店や百貨店、みそ専門店、酒蔵、オンラインショップなどで購入することができます。私が愛用しているのは、羽場こうじ店の米こうじ（P16参照）。100年以上もの間、麹作りを続けてきた老舗麹店で、この麹で作ると、すっきりとした味わいに仕上がり、甘酒が苦手な方におすすめしても喜ばれることが多いです。

Q 乾燥麹でも作れますか？

A もちろん作れます。

甘酒はスーパーなどで手軽に手に入る乾燥麹でも同様の分量、作り方で作れます。

Q 炊飯器を持っていないのですが…。

A ヨーグルトメーカーなどでも作れます。

温度や時間の調整ができれば、ヨーグルトメーカーや保温調理器などでも同様に作れます。米麹と湯をヨーグルトメーカーや保温調理器の容器に入れ、ふたをして60℃で8〜10時間にセットしてください。

Q 甘酒はどのくらい日持ちしますか？

A 冷蔵室で1週間ほどです。

清潔な保存ビンなどに移し、冷蔵室に入れれば1週間ほど日持ちします。毎日少しずつとることで健康効果がアップするので、飲む習慣をつけるとよいでしょう。

Q 甘酒は冷凍できますか？

A できます。

甘酒は冷凍も可能。冷凍用ジッパー付き保存袋に入れ、口をしっかり閉じ、解凍しやすいよう平らにして冷凍室へ入れましょう。1か月ほどはおいしさがキープできます。解凍するときは冷蔵室で解凍してください。

Q 加熱すると甘酒の効果はなくなりますか？

A それほど気にしなくても大丈夫です。

お菓子や料理などに甘酒を使い加熱調理すると、熱に弱い酵素やビタミン類はある程度は減ってしまいます。それでも食物繊維などの栄養は豊富です。おいしく長く続けることが大切なので、取り入れやすい方法で使ってみてください。

おそれいりますが、
切手をお貼りください

104 - 8357

東京都中央区京橋 3-5-7
株式会社主婦と生活社　料理編集

「からだが喜ぶ発酵あんことおやつ」

愛読者係　行

ご住所
〒　　　−

☎

お名前（フリガナ）

男 ・ 女　　年齢　　　歳

ご職業　　**1** 主婦　　**2** 会社員　　**3** 自営業　　**4** 学生　　**5** その他（　　　　　　　）

未婚 ・ 既婚（　　　　　年）　　　家族構成（年齢）

「からだが喜ぶ発酵あんことおやつ」をお買い上げいただき、
ありがとうございました。
今後の企画の参考にさせていただくため、
アンケートにご協力ください。

お答えいただいた先着1000名様から、抽選で20名様に、小社刊行物（料理本）
をプレゼントいたします（刊行物の指定はできませんので、ご了承ください）。
当選者の発表は商品の発送をもってかえさせていただきます。

1 この本を購入された理由は何ですか？

2 この本の中で「作りたい」と思ったレシピを3つお書きください。

（　　　　）ページの（　　　　　　　　　　　　　　　　　　　　）

（　　　　）ページの（　　　　　　　　　　　　　　　　　　　　）

（　　　　）ページの（　　　　　　　　　　　　　　　　　　　　）

3 この本の表紙、内容、ページ数、価格のバランスはいかがですか？

4 あなたが好きな料理研究家と、その理由を教えてください。

5 この本についてのご意見、ご感想をお聞かせください。

6 日頃、料理をする際に参考にしているものを教えてください（複数回答可）

　　1 レシピサイト　　**2** YouTube　　**3** インスタグラムなどの SNS

　　4 書籍　　**5** 雑誌　　**6** テレビ　　**7** その他

ご協力ありがとうございました。

Q 市販の甘酒もお菓子作りに使えますか？

A もちろん使えます。

手作りの甘酒だけでなく、市販の麹甘酒をお菓子作りに使うこともできます。ただし原料や濃度をチェックして選んでください（P50参照）。

Q ミキサーにかけるのはどうしてですか？

A 飲みやすく、使いやすいからです。

ミキサーにかけることで、麹のつぶつぶが残っているものよりもさらりとのどごしよく、飲みやすくなります。また麹がつぶれることで、比較的甘みを感じやすくなります。お菓子作りなどにも使いやすいため、ミキサーにかけています。

Q 手作りの甘酒を2倍濃縮にするには？

A 弱火でゆっくり煮詰めます。

P50〜51で紹介している手作りの甘酒は、そのまま飲んでおいしいストレートタイプです。これをアイスやジャム（P66〜69）を作るときに使用している「2倍濃縮」の甘酒にするには、弱火で半量くらいになるまでゆっくり煮詰めればOK。

甘酒を小鍋に入れて弱火にかけ、混ぜながら半量くらいになるまで煮詰めます。

Q でき上がりの色が少し違うようですが…。

A 麹により、多少の違いがあります。

使う麹によって、甘酒のでき上がりの色や風味に多少の差が出ます。また保温の温度や時間によっても違いが出ることがありますが、甘酒の効能は変わりませんので、安心して飲んでください。

Q 甘酒を料理作りにも活用したいのですが…。

A 甘みをつける調味料としておすすめです。

甘酒の自然な甘みは、お菓子作りだけでなく、料理にも生かすことができます。卵焼きの甘みに使ったり、煮ものの砂糖代わりに、ドレッシングやたれに加えてもおいしいです。

甘酒

飲み方アレンジ

甘酒抹茶ラテ

濃厚な抹茶を甘酒がまろやかに。
のどごしのいい一杯です。

材料 (2杯分)

抹茶 … 大さじ1
熱湯 … 1/4カップ
甘酒 (ストレートタイプ) … 1と1/2カップ
牛乳 … 1/4カップ

作り方

1. 小さめのボウルに抹茶を茶こしでふるい
   ながら入れ、熱湯を加えて泡立て器で
   混ぜ、しっかりと溶く。

2. グラスに氷適量を入れ、甘酒、牛乳を入
   れて混ぜる。1をそっと加え、混ぜなが
   らいただく。

甘酒パインラッシー

甘酒とヨーグルト、
発酵の力をダブルでいただきます。

材料 (2杯分)

甘酒 (ストレートタイプ) … 1カップ
A パイナップル … 100g
　 プレーンヨーグルト … 1/2カップ
　 レモン果汁 … 小さじ2
パイナップル (ひと口大に切る)、ミントの葉
　 … 各適量

作り方

ミキサーに甘酒と**A**を入れてなめらかになる
までかくはんする。グラスに注ぎ、パイナップ
ル、ミントを飾る。

甘酒スパイスココア

おだやかな甘さのココアに、
スパイシーなアクセントをプラス。

甘酒チャイ

シナモンの香りがふわり。
体が芯から温まります。

材料 (2杯分)

水 … 1/2 カップ

紅茶 (ティーバッグ) … 3袋 (6g)

甘酒 (ストレートタイプ) … 1 カップ

おろししょうが … 小さじ1

牛乳 … 1/2 カップ

シナモンパウダー … 適量

作り方

1. 小鍋に水を入れて煮立て、ティーバッグを入れて弱火で2分煮出す。甘酒、しょうがを加え、温まったらティーバッグを取り出してカップに注ぐ。

2. 1の小鍋に牛乳を入れて中火で温める。ミルクフォーマー※などで泡立てて1のカップに注ぎ、シナモンをふる。
   ※ミルクフォーマーがなければ、作り方1で牛乳も加えて温めるだけでOK。

材料 (2杯分)

甘酒 (ストレートタイプ) … 1と1/2 カップ

牛乳 … 1/2 カップ

ココアパウダー (無糖) … 大さじ2

粗びき黒こしょう、一味唐辛子 … 各少々

作り方

1. 小鍋に甘酒と牛乳を入れ、弱めの中火にかけて温め、火を止める。

2. カップにココアパウダーを均等に入れ、1を少量ずつ加えて混ぜ、ペースト状にする。

3. 2のカップに残りの1を注ぎ、混ぜる。粗びき黒こしょう、一味唐辛子をふる。

甘酒 で作るおやつ

甘酒の自然な甘みを、おやつ作りに。
合わせる素材の味わいを生かした
やさしい食べ心地を楽しんで。

甘酒豆花

豆乳に甘酒をプラス。
砂糖を使わないから、
さっぱりとした甘さの豆花に。

材料（2〜3人分）

豆乳（無調整）… 3/4カップ
甘酒（ストレートタイプ）… 1カップ
粉ゼラチン（水大さじ1にふり入れてふやかす）
　　… 5g
［トッピング］
　　甘酒（ストレートタイプ）、マンゴー（冷凍・角切り）… 各適量

作り方

1 小鍋に豆乳を入れ、沸騰直前まで温める。ボウルに移し、ふやかしたゼラチンを加えて泡立て器でしっかりと溶かす。甘酒を加えて混ぜる。

2 保存容器などに流し入れ、粗熱が取れたら、冷蔵室で3〜4時間冷やしかためる。スプーンなどですくいながら器に盛り、マンゴーをのせ、甘酒をかける。

甘酒もち

温めた甘酒と片栗粉を
練り混ぜるだけの簡単レシピ。
素朴な味わいがくせになります。

材料（2人分）

甘酒（ストレートタイプ）… 1カップ

片栗粉 … 大さじ3

A きな粉 … 大さじ3

粗塩 … ひとつまみ

きび砂糖 … 大さじ1

作り方

1　バットに**A**を合わせておく。

2　鍋に甘酒と片栗粉を入れて混ぜ、弱めの中火にかける。木べらで混ぜながら熱し、ねっとりしてきたら弱火にし、さらにもっちりとするまで練り混ぜる。

3　火からおろし、ぬらしたスプーンでひと口大にすくいながら1のバットに入れ、**A**をまぶす。

しっかり粘りが出るまで練り混ぜ、もっちりとした食感に。木べらの根元を握ると混ぜやすい。

甘酒さつまいも
蒸しパン

さつまいもと甘酒のやさしい甘みで、
ほっとする味わい。
子どものおやつにも。

材料 （口径約7cmの耐熱性プリンカップ5個分）

さつまいも … 1/2本（100g）

甘酒 （ストレートタイプ） … 130ml

きび砂糖 … 大さじ2

太白ごま油 （またはサラダ油）
　… 大さじ1

A 薄力粉 … 100g

　ベーキングパウダー … 小さじ2

作り方

1 さつまいもは皮つきのまま1cm角に切り、水に5分ほどさらして水けをきる。耐熱皿に入れ、ふんわりとラップをかけて電子レンジで2分ほど、やわらかくなるまで加熱する。

2 ボウルに甘酒、きび砂糖を入れて泡立て器で混ぜ、砂糖が溶けたら、太白ごま油を加えて混ぜる。Aを合わせてふるい入れ、ダマがなくなるまで静かに混ぜる。さつまいもの半量を加えてスプーンでさっと混ぜる。

3 プリンカップに紙カップを敷き、②の生地を等分に流し入れる。残りのさつまいもをのせて蒸気が上がった蒸し器に入れ、強火で5分、中火にして10分蒸す。竹串を刺してみて、生地がついてこなければ蒸し上がり。

甘酒クイックブレッド

甘酒を加えることで、
しっとりコクのある味わいに。
焼きたてがおいしいのでぜひ。

材料（2個分）

A 薄力粉、強力粉 … 各100g
ベーキングパウダー … 小さじ2
塩 … 小さじ1/2
プレーンヨーグルト … 100g
甘酒（ストレートタイプ）… 1/2カップ
ココナッツオイル※1（または溶かしバター※2）
 … 大さじ1

※1 ココナッツオイルがかたまっていたら、湯せんにかけるか、電子レンジで様子を見ながら加熱して液体にする。
※2 バター大さじ1を耐熱ボウルに入れ、電子レンジで様子を見ながら加熱して溶かす。

作り方

1 オーブンを200℃に予熱する。

2 ボウルに**A**を入れ、ゴムべらで混ぜる。ヨーグルト、甘酒を加えて混ぜ、粉っぽさがなくなったら、ココナッツオイルを加えて混ぜる。

3 オーブンシートを敷いた天板に2等分してのせ、手に打ち粉（強力粉少々・分量外）をして形を丸く整える。強力粉少々（分量外）をふり、包丁で十字に切り込みを入れる。

4 200℃のオーブンで15～20分焼く。

十字の切り込みを入れることで、火通りがよくなり、均一にふくらむ。

甘酒かぼちゃプリン

使う砂糖は大さじ1だけ。
自然の甘みが口の中に広がるやさしいプリン。

材料（口径約7㎝のプリンカップ4個分）

かぼちゃ（皮つき・種とワタを取ったもの）… 200g

甘酒（ストレートタイプ）… 1と1/2カップ

きび砂糖 … 大さじ1

豆乳（無調整）… 1/4カップ

粉ゼラチン（水大さじ1にふり入れてふやかす）
　… 5g

パンプキンシード（ロースト）… あれば4粒

作り方

1 かぼちゃは皮ごとひと口大に切る。さっと水にく
ぐらせて耐熱皿に入れ、ふんわりとラップをかけ
て電子レンジで2分30秒ほど、やわらかくなるま
で加熱する。皮を除いてつぶす。

2 甘酒にきび砂糖を加えて泡立て器で混ぜ、仕上げ
用に大さじ4を取り分ける。残りの甘酒の半量
（約120㎖）をミキサーに入れ、かぼちゃを加えて
かくはんする。

3 小鍋に残りの甘酒、豆乳を入れ、中火にかける。
沸騰直前に火を止め、ふやかしたゼラチンを加え
て混ぜ、完全に溶かす。

4 ②のプリン液を加えて混ぜ、ざるでこす。プリン
カップに等分に流し入れ、冷蔵室で2〜3時間
冷やしかためる。仕上げ用の甘酒をかけ、あれば
パンプキンシードをのせる。

プリン液は一度ざるでこしておく
ことで、舌ざわりがよりなめらかに。

61

甘酒紅茶マフィン

おやつはもちろん、朝食にもぴったり。
軽く温めて食べるのがおすすめです。

材料（直径7cmのマフィン型6個分）

卵（室温にもどす） … 1個

きび砂糖 … 大さじ5

甘酒（ストレートタイプ） … 3/4カップ

太白ごま油（またはサラダ油） … 大さじ3

A 薄力粉 … 180g

ベーキングパウダー … 小さじ1

紅茶（ティーバッグ） … 2袋（4g）

作り方

1 オーブンを180℃に予熱する。マフィン型に紙カップを敷く。

2 ボウルに卵、きび砂糖を入れ、ハンドミキサーで2分ほど混ぜる。甘酒、太白ごま油を加えてさらに1分ほど混ぜる。

3 Aをふるい入れ、ティーバッグの中身を加える。ゴムべらで底の方から返すように混ぜる。

4 粉っぽさがなくなったら、型に流し入れ、180℃のオーブンで25〜30分焼く。竹串を刺してみて、どろっとした生地がついてこなければ焼き上がり。途中、こげそうになったらアルミホイルをかぶせる。

甘酒ベリーマフィン

甘ずっぱくてジューシーなベリーを
たっぷりと混ぜ込んだふわふわマフィン。

材料（直径7cmのマフィン型6個分）

ミックスベリー（冷凍） … 100g

卵（室温にもどす） … 1個

きび砂糖 … 大さじ4

甘酒（ストレートタイプ） … 3/4カップ

太白ごま油（またはサラダ油） … 大さじ3

A 薄力粉 … 180g

ベーキングパウダー … 小さじ1

ミックスベリーに薄力粉をまぶしておくことで、余計な水分が出るのを抑え、きれいな焼き上がりになる。

作り方

1 オーブンを180℃に予熱する。マフィン型に紙カップを敷く。ミックスベリーに薄力粉適量（分量外）をまぶし、冷凍室に入れておく。

2 ボウルに卵、きび砂糖を入れ、ハンドミキサーで2分ほど混ぜる。甘酒、太白ごま油を加えてさらに1分ほど混ぜる。

3 Aをふるい入れ、ゴムべらで底の方から返すように混ぜる。粉っぽさが少し残るくらいでミックスベリーの2/3量を加え、さっと混ぜる。

4 型に流し入れ、残りのミックスベリーをのせる。180℃のオーブンで25〜30分焼く。竹串を刺してみて、どろっとした生地がついてこなければ焼き上がり。途中、こげそうになったらアルミホイルをかぶせる。

甘酒クレープ

甘酒でもっちりとした食感。
水きりヨーグルトをクリーム代わりに、好みのフルーツを添えて。

材 料（直径26cm 6枚分）

薄力粉 … 90g

塩 … ひとつまみ

卵 … 2個

ココナッツオイル※1（または溶かしバター※2）… 20g

豆乳（無調整）… 1/2カップ

甘酒（ストレートタイプ）… 140mℓ

サラダ油 … 適量

［トッピング］

　水きりヨーグルト※3、いちご、メープルシロップ … 各適量

※1 ココナッツオイルがかたまっていたら、湯せんにかけるか、電子レンジで様子を見ながら加熱して液体にする。
※2 バター20gを耐熱ボウルに入れ、電子レンジで様子を見ながら加熱して溶かす。
※3 キッチンペーパーを敷いたざるをボウルに重ね、プレーンヨーグルトを入れ、ラップをかけて、冷蔵室でひと晩おく。

作り方

1 ボウルに薄力粉、塩を入れて泡立て器で混ぜ、中心をくぼませて卵を加えてさらに混ぜる。ココナッツオイルを加えて混ぜ、なじんだら豆乳、甘酒を少しずつ加えて混ぜる。ラップをかけて、冷蔵室でひと晩休ませる。

2 フライパンにサラダ油を薄く引いて中火で熱し、生地をおたま1杯分入れ、フライパンを回して丸く広げる。まわりがかたまってきたら菜箸を使って裏返し、裏面もさっと焼く。残りも同様に焼く。

3 器に盛り、ヨーグルト、いちごを添え、メープルシロップをかけていただく。

生地を裏返すときは、菜箸1本を端から入れて持ち上げ、静かに返すと破れにくい。

甘酒で作る
5種のアイス

甘酒の青じそグラニテ

甘酒白桃アイス

甘酒チョコバナナアイス

甘酒ブルーベリーアイス

甘酒梅トマトアイス

甘酒で作る
3種のジャム

甘酒りんごジンジャージャム

甘酒いちごジャム

甘酒ミルクジャム

甘酒 で作る5種のアイス

甘酒の青じそグラニテ
すっきりとした香りが広がる夏のひとさじ。

材料（2人分）

甘酒（ストレートタイプ）… 1カップ

青じそ（ちぎる）… 10枚

レモン果汁 … 小さじ1

作り方

1 すべての材料をミキサーに入れてかくはんし、冷凍用ジッパー付き保存袋に移し、冷凍室で2時間ほど凍らせる。

2 袋の上からもみほぐし、再び冷凍室で2時間以上凍らせる。器に盛り、レモンの皮少々（分量外）をすりおろしてかける。

甘酒チョコバナナアイス
ほろ苦チョコのつぶつぶがアクセント。

材料（3～4人分）

甘酒（2倍濃縮）… 120g

豆乳（無調整）… 1/2カップ

バナナ … 2本（正味180g）

ココアパウダー（無糖）… 大さじ1

レモン果汁 … 小さじ1

高カカオチョコレート（刻む）… 60g

作り方

1 チョコレート以外の材料をミキサーに入れてかくはんし、容器に移し、冷凍室で2時間ほど凍らせる。

2 再びミキサーでかくはんし（またはスプーンで混ぜる）、チョコレートを加えて混ぜる。容器に移し、冷凍室で3時間以上凍らせる。室温に5～10分おいてから器に盛る。

甘酒白桃アイス
桃のやさしい風味に甘酒が好相性。

材料（3～4人分）

甘酒（2倍濃縮）… 60g

豆乳（無調整）… 3/4カップ

白桃（缶詰）… 1缶（固形量170g）

作り方

1 すべての材料をミキサーに入れてかくはんし、容器に移し、冷凍室で2時間ほど凍らせる。

2 再びミキサーでかくはんし（またはスプーンで混ぜる）、冷凍室で3時間以上凍らせる。室温に5～10分おいてから器に盛り、ミントの葉少々（分量外）を飾る。

甘酒ブルーベリーアイス
ほどよい酸味がさわやかに広がります。

材料（3～4人分）

甘酒（2倍濃縮）… 80g

プレーンヨーグルト … 130g

ブルーベリー（冷凍）… 100g

作り方

1 すべての材料をミキサーに入れてかくはんし、容器に移し、冷凍室で2時間ほど凍らせる。

2 再びミキサーでかくはんし（またはスプーンで混ぜる）、冷凍室で3時間以上凍らせる。室温に5～10分おいてから器に盛る。

甘酒梅トマトアイス

かすかな塩けを含んだ大人味のアイス。

材料（3〜4人分）

フルーツトマト（ひと口大に切る）… 150g

甘酒（2倍濃縮）… 150g

豆乳（無調整）… 大さじ3

梅干し（種を除いてちぎる）… 2個

作り方

1　梅干し以外の材料をミキサーに入れてかくはんし、容器に移し、梅干しを加えて混ぜる。冷凍室で2時間ほど凍らせる。

2　スプーンで混ぜ、再び冷凍室で3時間以上凍らせる。室温に5〜10分おいてから器に盛る。

甘酒で作る3種のジャム

甘酒りんごジンジャージャム

角切りりんごの食感がアクセントに。

材料（作りやすい分量）

りんご … 1個（300g）

A **甘酒**（2倍濃縮）… 100g
　おろししょうが … 1かけ分
　レモン果汁 … 大さじ1

はちみつ … 小さじ2

作り方

1　りんごは皮をむいて芯を除き、半量は1cm角に切り、残りはすりおろす。

2　鍋に①、**A**を入れて中火で煮立て、混ぜながら5〜6分煮る。火を止め、はちみつを加えて混ぜる。
　※清潔な保存ビンに入れ、冷蔵室で1週間ほど保存可能。

甘酒いちごジャム

加熱はほんの10分。いちごの食感が楽しめます。

材料（作りやすい分量）

いちご … 1パック（250g）

甘酒（2倍濃縮）… 100g

はちみつ … 小さじ2〜3

作り方

1　小鍋にいちご、甘酒を入れて混ぜ、弱めの中火にかける。

2　スプーンでやさしく押さえたり、混ぜたりしながら10分ほど煮る。火を止め、はちみつを加えて混ぜる。
　※清潔な保存ビンに入れ、冷蔵室で1週間ほど保存可能。

甘酒ミルクジャム

止まらなくなるなめらかでミルキーな甘さ。

材料（作りやすい分量）

甘酒（2倍濃縮）… 100g

生クリーム … 1カップ

作り方

小鍋に甘酒、生クリームを入れて中火にかける。煮立ったら弱火にし、こげつかないようゴムべらで混ぜながら、とろみがつくまで15分ほど加熱する。
※清潔な保存ビンに入れ、冷蔵室で3〜4日保存可能。

もっといろいろ

発酵おやつ

みりんやヨーグルト、塩麹、みそ、酒粕……。

私たちの身近にある、発酵の力を利用した調味料や食材は、

料理だけでなく、おやつ作りにも重宝します。

自然な甘みやおだやかな塩け、うまみや酸味を上手に生かすと、

おやつにすっとなじんで意外なおいしさのひと品に。

朝ごはんやおつまみにもなるおやつも作れます。

みりん
で作るおやつ

もち米や米麹、焼酎などを原料とし、
奥行きのある甘みを持つみりんを
極上のシロップとして使います。

みりんシロップアフォガード

コクのある甘みでバニラアイスがワンランクアップ。

材料 (2人分)

本みりん … 80㎖
市販のバニラアイス … 2個 (240㎖)
ミックスナッツ (無塩・刻む) … 10g

作り方

1 小鍋にみりんを入れて中火にかけ、煮
   立ったら弱火にして7〜8分煮詰める。

2 器にバニラアイスを盛り、ミックスナッツ
   を散らし、1が温かいうちにかける。

りんごのみりんコンポート
ヨーグルト添え

みりんのふくよかな甘みが、りんごにじんわりとしみ込みます。

材料（2人分）

りんご … 1/2個（150g）

本みりん … 1カップ

レモン果汁 … 小さじ1

シナモンスティック … 1本

水きりヨーグルト※ … 200g

※キッチンペーパーを敷いたざるをボウルに重ね、プレーンヨーグルト約400gを入れ、ラップをかけて、冷蔵室でひと晩おく。

作り方

1 りんごは芯を除き、皮つきのまま縦5mm幅に切る。

2 鍋にりんご、みりん、レモン果汁、シナモンスティックを入れて中火にかけ、煮立ったら弱火にし、オーブンシートなどで落としぶたをして15分ほど煮る。

3 火からおろし、粗熱が取れたら冷蔵室で2～3時間冷やす。水きりヨーグルトとともに器に盛る。

材料（容量150mlのグラス4個分）

本みりん※… 大さじ4

くこの実 … 4個

牛乳 … 2カップ

粉ゼラチン … 5g

杏仁霜（きょうにんそう） … 15g

きび砂糖 … 35g

※アルコールを飛ばすときは、小鍋に入れて中火で煮立て、弱火で30秒ほど加熱して冷ます。

作り方

1　みりんにくこの実を漬けておく。牛乳大さじ2に粉ゼラチンをふり入れてふやかす。

2　鍋に残りの牛乳、杏仁霜を入れて木べらで混ぜ、中火にかける。混ぜながら煮立て、2分ほど加熱して軽くとろみがついたらきび砂糖を加える。ふつふつとしてきたら火を止め、ゼラチンを加えてしっかりと溶かす。

3　粗熱が取れたらざるなどでこし、グラスに流し入れ、冷蔵室で2〜3時間冷やしかためる。1のみりんをかけ、くこの実をのせる。

みりん杏仁豆腐

みりんを杏仁豆腐のシロップ代わりに。
やさしい風味に仕上がります。

みりんティラミス

ほろ苦いコーヒーのシロップに
こっくりとしたみりんがよく合います。

材料（容量150mlのグラス4個分）

ビスケット … 10枚（50g）

［シロップ］

　本みりん※ … 大さじ2

　インスタントコーヒー（顆粒）

　　 … 小さじ1/2

［クリーム］

　生クリーム（乳脂肪分40％以上）

　　 … 1/2カップ

　本みりん※ … 大さじ3

　マスカルポーネチーズ

　　 … 100g

ココアパウダー（無糖）… 適量

※アルコールを飛ばすときは、小鍋に入れて中火で煮立て、弱火で30秒ほど加熱して冷ます。

作り方

1 ビスケットは1枚を8等分くらいに割る。シロップのインスタントコーヒーに湯小さじ1を加えて溶かし、みりんを加えて混ぜる。

2 生クリームをハンドミキサーで9分立てにし、クリーム用のみりんを少しずつ加えながらさらに混ぜる。マスカルポーネチーズを加えてさらに混ぜる。

3 ボウルにビスケットを入れ、①のシロップをかけてなじませる。グラスにビスケット、②のクリームの順に2回重ね、ココアパウダーをふる。

みりんは生クリームがしっかり泡立ってから、少しずつ加えてふんわりとしたクリームに。

ヨーグルト で作るおやつ

発酵食品の代表格、ヨーグルト。
ミルキーでさわやかな酸味が
すっきりとした味わいを作ります。

ヨーグルトキャロットケーキ

生地にヨーグルトを加えることで
しっとりとした焼き上がりに。おやつにも、朝食にも。

材料（直径7cmのマフィン型6個分）

[生地]

にんじん … 1本（150g）

卵（室温にもどす）… 1個

メープルシロップ … 100g

ココナッツオイル※
（またはサラダ油）… 100g

プレーンヨーグルト … 50g

A 薄力粉 … 180g

　ベーキングパウダー、

　　シナモンパウダー … 各小さじ1

くるみ（ロースト・粗く刻む）… 20g

[フロスティング]

クリームチーズ … 75g

メープルシロップ … 大さじ1

くるみ（ロースト）、シナモンパウダー

　… 各適量

※ココナッツオイルがかたまっていたら、湯せんにかけるか、
電子レンジで様子を見ながら加熱して液体にする。

作り方

1 オーブンを180℃に予熱する。マフィン型に紙カップを敷く。にんじんは皮つきのまますりおろす。

2 ボウルに卵、生地のメープルシロップを入れて泡立て器でよく混ぜる。ココナッツオイルを加えて混ぜ、なじんだらヨーグルト、にんじんを加えてさらに混ぜる。

3 **A**を合わせてふるい入れ、ゴムべらで底からすくうように混ぜる。粉っぽさが少し残るくらいでくるみを加え、底からすくうように混ぜ、粉っぽさがなくなったら型に流し入れる。180℃のオーブンで30～35分焼く。竹串を刺してみて、どろっとした生地がついてこなければ焼き上がり。網にのせて冷ます。

4 フロスティングの材料を混ぜて③にのせ、くるみを飾る。シナモンパウダーをふる。

キャロットケーキの生地はスパイスが好相性。**A**にカルダモンパウダー少々を加えても。

77

キウイのヨーグルトトライフル

生クリームを使わず、ヨーグルトだけのクリームだから
軽やかな食べ心地のデザートに。

材料（容量200mℓのグラス2個分）

キウイフルーツ … 1個

好みのビスケット … 6枚

水きりヨーグルト※ … 200g

上白糖 … 大さじ1と1/2

※キッチンペーパーを敷いたざるをボウルに重
ね、プレーンヨーグルト約400gを入れ、ラッ
プをかけて、冷蔵室でひと晩おく。

作り方

1️⃣ キウイは1cm角に切る。ビスケット4枚
は細かくくだく。

2️⃣ ボウルに水きりヨーグルト、上白糖を入
れて泡立て器で混ぜる。

3️⃣ グラスに2️⃣、くだいたビスケット、キウイの
順に2回重ね、残りの2️⃣をのせる。キウ
イ、残りのビスケットを半分に割って飾る。

材料（2人分）

生クリーム（乳脂肪分40％程度のもの）
　… 1/2カップ
グラニュー糖 … 15g
水きりヨーグルト※ … 50g
食パン（8枚切り）… 4枚
いちご … 10個

※キッチンペーパーを敷いたざるをボウルに重ね、プレーンヨーグルト約400gを入れ、ラップをかけて、冷蔵室でひと晩おく。

作り方

1 ボウルに生クリーム、グラニュー糖を入れ、氷水を入れた別のボウルに底を当てながら、ハンドミキサーで9分立てにする。水きりヨーグルトを加え、さらに混ぜる。

2 食パンに①を等分に塗り、そのうち2枚の対角線上にいちごを並べる。広げたラップにのせ、クリームを塗った食パンをのせてはさみ、ラップでしっかりと包む。冷蔵室で1〜2時間冷やす。

3 ラップをはずして包丁で耳を切り落とし、対角線に沿って4等分に切る※。

※包丁はそのつど刃に熱湯をかけて温め、水けを拭いて使うと、断面がきれいに仕上がる。

ヨーグルトクリームの
フルーツサンド

ヨーグルトを加えたホイップクリームはさっぱり味。
好みのフルーツで楽しんで。

クリームははみ出さないよう、縁から少し内側まで塗ればOK。いちごはパンの断面に切り口がきれいに並ぶよう、向きを変えながら対角線上に並べる。

酒粕 で作るおやつ

酒粕は、日本酒を造るときにできる
栄養豊富な副産物。
甘さを抑えた大人味のおやつに。

酒粕スパイスクラッカー

スパイシーな香りとカリッと心地よい食感。
お酒のおつまみにぴったり。

材料 （10cm長さ25本分）

A 薄力粉 … 50g

　パルミジャーノチーズ（すりおろす）… 大さじ1

　カレー粉、白いりごま … 各小さじ1

　塩 … ひとつまみ

オリーブオイル … 大さじ1

酒粕（練り粕・板粕を使う場合は右記参照）… 30g

水 … 小さじ2

作り方

1 オーブンを170℃に予熱する。ボウルに**A**を入れてスプーンなどで混ぜ、オリーブオイルを加え、手ですり混ぜる。全体がパラパラになったら、酒粕、水を加えて手で混ぜ、ひとまとめにする。

2 ラップではさみ、麺棒で縦10×横25cmほどの大きさにのばし、包丁で幅1cmの棒状に切る。オーブンシートを敷いた天板に間隔をあけて並べ、フォークで1列の穴をあける。170℃のオーブンで10〜15分焼く。取り出して網の上で冷ます。

酒粕はやわらかい練り粕（写真手前）、かたい板状の板粕（写真奥）どちらを使ってもOK。板粕を使う場合は、耐熱容器に板粕25g、水小さじ1を入れ、ふんわりとラップをかけ、電子レンジで20秒ほど加熱してよく混ぜて使う。

穴をあけておくことで、ふくらみすぎるのを防ぎ、食感のよい焼き上がりに。

酒粕チーズクリームの
タルティーヌ

ほんのり甘く、日本酒の香る大人味のチーズクリーム。
香ばしく焼いたバゲットにたっぷりのせてどうぞ。

材料（2人分）

A クリームチーズ（室温にもどす）
　　…90g

　酒粕（練り粕※）… 10g

　はちみつ … 大さじ1

レーズン … 大さじ2

バゲット（斜め薄切り）… 8枚

※板粕（P81参照）を使う場合は耐熱容器に
板粕10g、水小さじ1/2を入れ、ふんわりと
ラップをかけ、電子レンジで10秒ほど加熱し
てよく混ぜて使う。

作り方

1 ボウルに**A**を入れてスプーン
　　などでよく混ぜる。レーズンを
　　加えてざっくりと混ぜる。

2 オーブントースターでバゲット
　　をこんがりと焼き、**1**を塗る。

酒粕アップルクランブル

カリカリのクランブルに酒粕を加えて風味をアップ。
ジューシーで甘ずっぱいりんごによく合います。

材料（2人分）

A 薄力粉 … 大さじ2（18g）

　　酒粕（練り粕※）… 小さじ2

　　バター（食塩不使用・角切り）… 10g

　　きび砂糖 … 小さじ2

　　くるみ（ロースト・刻む）… 15g

りんご … 1個

きび砂糖 … 小さじ1/2

はちみつ … 適量

※板粕（P81参照）を使う場合は耐熱容器に板粕10g、水小さじ1/2を入れ、ふんわりとラップをかけ、電子レンジで10秒ほど加熱してよく混ぜて使う。

作り方

1 オーブンを180℃に予熱する。ボウルに**A**を入れて手で混ぜ、ひとまとめにしてから、そぼろ状にする。

2 りんごは縦半分に切り、スプーンで芯をくりぬく。オーブンシートを敷いた天板にのせ、①をのせてきび砂糖をふり、180℃のオーブン（下段）で25〜30分焼く。途中こげそうになったらアルミホイルをかぶせる。器に盛り、はちみつをかける。

コクのあるきび砂糖が好相性。焼くときはりんごが転がらないように、丸めたアルミホイルを台にするとよい。

みそ・塩麹 で作るおやつ

いずれも麹から作られる発酵食品。
ほどよい塩けを生かすと、
甘じょっぱさがくせになる味わいに。

白みそスノーボールクッキー

かすかな塩味があとを引きます。
くるみの香ばしさや食感もやみつきに。

材料（24～26個分）

バター（食塩不使用・室温にもどす）
　　… 70g
粉砂糖 … 20g
白みそ … 大さじ1
薄力粉 … 75g
アーモンドパウダー … 25g
くるみ（ロースト・粗く刻む）
　　… 20g
［仕上げ用］
粉砂糖 … 適量

作り方

1　オーブンを160℃に予熱する。

2　ボウルにバターを入れ、泡立て器でクリーム状になるまで混ぜ、粉砂糖を加えてすり混ぜる。白みそを加えて混ぜ、なじんだら薄力粉、アーモンドパウダーを加えてゴムべらで混ぜる。粉っぽさがなくなったらくるみを加えて混ぜる。

3　直径2cmほどの大きさに丸め、オーブンシートを敷いた天板に並べ、180℃のオーブンで15～20分焼く。取り出して天板のまま粗熱を取り、温かいうちに仕上げ用の粉砂糖をまぶす。

白みそ風味の
バナナパンプディング

意外な組み合わせも、白みそがまとめ役に。
ちょっと小腹がすいたときにもおすすめです。

材料（直径21×深さ5cmほどの耐熱皿1枚分）

食パン（6枚切り）… 2枚

バナナ… 1本

A 卵… 1個

　甘酒（ストレートタイプ）… 1カップ

　牛乳… 1/4カップ

　白みそ… 大さじ2

アーモンドスライス、粉砂糖 … 各適量

作り方

1 オーブンを180℃に予熱する。食パンは
　3cm四方に切る。バナナは1/3量を3mm
　幅の輪切りに、残りは1cm幅のいちょう
　切りにする。

2 ボウルに**A**を入れ、泡立て器で混ぜる。
　食パン、いちょう切りにしたバナナを加
　え、スプーンで混ぜ、液面にラップを貼り
　つけるようにのせて10分ほどおく。

3 耐熱皿に移し、輪切りにしたバナナ、アー
　モンドスライスを散らし、180℃のオーブ
　ンで30分ほど焼く。粉砂糖をふる。

塩麹ナッツ

カラメルのほどよい苦みと、甘じょっぱさでつい手が出るおいしさ。
お酒のおつまみとしても人気のひと品。

材料（作りやすい分量）

きび砂糖 … 大さじ2
塩麹 … 小さじ2
水 … 小さじ1
ミックスナッツ（無塩・ロースト）
　　… 100g

作り方

1 フライパンにきび砂糖、塩麹、水を入れて中火にかける。

2 とろりとしたら弱めの中火にし、泡がいったん大きくなったのちに細かくなり、茶色く色づくまで熱する。火を止め、ナッツを加えてからめる。

3 オーブンシートに広げ、フォークなどでざっくりとばらしてそのまま冷ます。

塩麹ショートブレッド

塩麹のおかげでしっとりした焼き上がり。
甘すぎない大人のおやつ。

材料（6.5㎝長さ16個分）

A アーモンドパウダー
　　　　… 60g
　　薄力粉 … 40g
　　きび砂糖 … 30g

ココナッツオイル※
（またはサラダ油）
　　… 大さじ3

<u>**塩麹**</u> … 小さじ2

※ココナッツオイルがかたまっ
ていたら、湯せんにかけるか、
電子レンジで様子を見ながら
加熱して液体にする。

作り方

1 オーブンを150℃に予熱する。ボウルに
Aを入れてスプーンなどで混ぜる。ココ
ナッツオイルを加え、手ですり混ぜる。塩
麹を加えてひとまとめにする（生地がまと
まらなければ、豆乳か水少々を加える）。

2 ラップではさみ、麺棒で13×13㎝ほどの
大きさにのばし、包丁で半分に切ってか
ら、それぞれ8等分の棒状に切り分ける。

3 オーブンシートを敷いた天板に間隔をあ
けて並べ、竹串の頭側を刺して1列の穴
をあける。150℃のオーブンで20〜25
分焼く。途中こげそうになったらアルミ
ホイルをかぶせる。取り出して網にのせ
て冷ます。

ココナッツオイルを加えた
らなじませるように、手で
すり合わせながら均一に
なるまで混ぜる。

榎本美沙
えのもと・みさ

料理家・発酵マイスター。会社員を経て調理師学校を卒業し、独立。発酵食品や季節の食材を使ったシンプルなレシピが好評で、雑誌や書籍、テレビなどで活躍中。YouTube「榎本美沙の季節料理」はチャンネル登録者数29万人を超え、注目が集まっている。著書『からだが整う〝ひと晩発酵みそ〟』（小社刊）、『ゆる発酵』（オレンジページ）など多数。

- YouTube:「榎本美沙の季節料理」
- Instagram:@misa_enomoto
- X（旧Twitter）:@misa_enomoto
- HP「ふたりごはん」https://www.futari-gohan.jp

STAFF

デザイン／高橋朱里（マルサンカク）

撮影／馬場わかな

取材・文／久保木 薫

スタイリング／久保田朋子

描き文字／榎本美沙

調理アシスタント／深瀬華江

校閲／滄流社

編集／上野まどか

からだが喜ぶ
発酵あんことおやつ

著　者	榎本美沙
編集人	足立昭子
発行人	倉次辰男
発行所	株式会社主婦と生活社
	〒104-8357 東京都中央区京橋 3-5-7
	TEL03-3563-5321（編集部）
	TEL03-3563-5121（販売部）
	TEL03-3563-5125（生産部）
	https://www.shufu.co.jp
	ryourinohon@mb.shufu.co.jp
製版所	東京カラーフォト・プロセス株式会社
印刷所	TOPPAN株式会社
製本所	小泉製本株式会社

ISBN978-4-391-15880-9